BEI GRIN MACHT SICH IHR WISSEN BEZAHLT

- Wir veröffentlichen Ihre Hausarbeit, Bachelor- und Masterarbeit

- Ihr eigenes eBook und Buch - weltweit in allen wichtigen Shops

- Verdienen Sie an jedem Verkauf

Jetzt bei www.GRIN.com hochladen und kostenlos publizieren

Bibliografische Information der Deutschen Nationalbibliothek:

Die Deutsche Bibliothek verzeichnet diese Publikation in der Deutschen National-
bibliografie; detaillierte bibliografische Daten sind im Internet über http://dnb.d-
nb.de/ abrufbar.

Impressum:

Copyright © 2016 GRIN Verlag, Open Publishing GmbH
Druck und Bindung: Books on Demand GmbH, Norderstedt Germany
ISBN: 9783668481305

Dieses Buch bei GRIN:

http://www.grin.com/de/e-book/368503/das-sport-und-dopingsystem-der-ddr-
foerderung-zu-gunsten-der-sportlichen

Alma Nehry

Das Sport- und Dopingsystem der DDR. Förderung zu Gunsten der sportlichen Leistungsfähigkeit oder lediglich zur Optimierung des politischen Ansehens?

GRIN Verlag

GRIN - Your knowledge has value

Der GRIN Verlag publiziert seit 1998 wissenschaftliche Arbeiten von Studenten, Hochschullehrern und anderen Akademikern als eBook und gedrucktes Buch. Die Verlagswebsite www.grin.com ist die ideale Plattform zur Veröffentlichung von Hausarbeiten, Abschlussarbeiten, wissenschaftlichen Aufsätzen, Dissertationen und Fachbüchern.

Besuchen Sie uns im Internet:

http://www.grin.com/

http://www.facebook.com/grincom

http://www.twitter.com/grin_com

1. Einleitung

Die Deutsche Demokratische Republik (DDR) gewann in den fünf olympischen Sommerspielen zwischen 1968 und 1988 insgesamt 409 Medaillen, wovon alleine 153 gold waren. Damit war die Mannschaft der DDR der der Bundesrepublik Deutschland, die nur insgesamt 145 Medaillen nach Hause holen konnte, klar überlegen.[1] Und noch heute bestehen 21 Weltrekorde der DDR. Diesen internationalen Erfolgen liegt ein strikt organisiertes und leistungsorientiertes Sport- und Förderungssystem zu Grunde. Nach den Worten der Eiskunstläuferin Katarina Witt:

„Leistung, Leistung nochmals Leistung - in keinem anderen Bereich der DDR-Gesellschaft wurde das Leistungsprinzip derart konsequent und kompromisslos durchgesetzt wie im Sport." [2]

Durch dieses Leistungsprinzip förderte die DDR zahlreiche Spitzensportler und wollte gleichzeitig das angeblich vorteilhafte System des Sozialismus beweisen. Besonders gegenüber dem kapitalistischen Klassenfeind, der Bundesrepublik Deutschland, aber auch international sollte das politische Ansehen gesteigert werden.

Daraus resultiert die Frage, inwiefern das Sportsystem nur dazu genutzt wurde das Image der DDR aufzupolieren oder ob der wahre Hintergrund des Systems es tatsächlich war, außergewöhnliche Sportler hervorzubringen. Gerade auch in Anbetracht der Tatsache, dass sich in der DDR ein bewiesenes, staatlich geregeltes und finanziertes Zwangsdoping abgespielt hat. Daher lautet meine Leitfrage für diese Facharbeit: Das Sportsystem der DDR - Förderung zu Gunsten der sportlichen Leistungsfähigkeit oder lediglich zur Optimierung des politischen Ansehens?

Da ich selbst eine Verbindung zur Leichtathletik habe und es in letzter Zeit einige Vorwürfe an den russischen Leichtathletikverband gab, flächendeckend und staatlich unterstützt zu dopen, interessiere ich mich dafür, wie das Sport- und Dopingsystem seinerzeit in Deutschland, in der DDR war.

Dazu werde ich zuallererst einen kurzen Einblick in den geschichtlichen Hintergrund geben, um den Klassenkampf zwischen Kapitalismus und Sozialismus darzustellen, anschließend gehe ich getrennt auf das Sportsystem und das Dopingsystem ein, um die jeweiligen Charakteristiken aufzuzeigen, damit die Hintergründe des Systems deutlich werden, sodass die Fragestellung beantwortet werden kann. Umfragen zu führen war mir aus zeitlichen Gründen, sowie aus Mangel an Zeitzeugen nicht möglich, weshalb ich

---

[1] vgl. G. Spitzer, 2007, S. 38

[2] http://www.taz.de/!676629/ Witt, K., Sechskommanull Verkehrte Welt, 09.11.2004, aus dem Internet entnommen am 08.10.2016

Umfragewerte aus dem Buch „Wunden und Verwundungen" von Giselher Spitzer beziehe, der anonyme Umfragen mit ehemaligen Spitzensportlern der DDR durchführte. Nachfolgend zeige ich noch einmal den gesamten Zusammenhang am Beispiel von Katarina Witt, der zweifachen Olympiasiegerin im Eiskunstlauf, die stets das Förderungssystem des Sports in der DDR begrüßte, trotz allem aber auch die ausnutzende Seite kennenlernte. Schließlich gelange ich, über eine Argumentation, die schlussendlich alle Argumente aufgreift, zu meinem Fazit. Meine erste Hypothese für das besagte Fazit ist, dass das Sportsystem hauptsächlich die Funktion hatte, das politische Ansehen zu stärken, wobei die Erfolge die Regierung schmückten und die herausragenden Sportler entstanden sozusagen als Nebeneffekt, genau wie massenhafte, geschädigte Gesundheiten aufgrund von flächendeckendem Doping.

2. Geschichtlicher Hintergrund

Aufgrund von unvereinbaren politischen Interessen der Ost- und Westmächte, gründeten die Vereinigten Staaten, Großbritannien und Frankreich im Jahr 1949 aus ihren Besatzungszonen die Bundesrepublik Deutschland (BRD). Im selben Jahr wurde die DDR von der sowjetischen Besatzung, im östlichen Teil Deutschlands gegründet. Nach Vorbild der Sowjetunion wurde der Sozialismus zur offiziellen Staatsform und aus dem Zusammenschluss der KPD und SPD entstand die führende, sozialistische Partei SED, die den Forderungen der Sowjetunion entsprach und bis 1990 an der Macht blieb. Der Sozialismus unterschied sich grundsätzlich vom Kapitalismus, der Staatsform des Westens und der BRD. [3]

In den ersten Jahren der Teilung Deutschlands bestand das internationale Olympische Komitee (IOC) auf eine gesamtdeutsche Mannschaft, was zu Diskursen der beiden Staaten führte. 1965 gab das IOC dann der Realität nach und bei den olympischen Spielen 1968 von Mexico-Stadt starteten erstmals zwei deutsche Mannschaften, wenn auch unter gleicher Flagge und Hymne.[4]

Es gab durch die Trennung der gesamtdeutschen Mannschaft nun also den Anspruch, die BRD zu schlagen und über sie zu triumphieren. Ein sportlicher Erfolg war für die DDR gleich bedeutend ein Beweis für das bessere System des Sozialismus, sodass nun jede Begegnung im Sport zu einem Klassenkampf zwischen Sozialismus und Kapitalismus wurde.[5]

---

[3] vgl. http://www.geschichte-abitur.de/deutsche-teilung

[4] vgl. http://www.badische-zeitung.de/sportpolitik/klassenkampf-im-stadion--31298340.html

[5] vgl. Klaus Latzel (2009), S. 64

3. Sportsystem

In diesem Teil der Arbeit wird das gesamte Sport- und Förderungssystem der DDR betrachtet. Zuallererst wird dabei auf den Aufbau eines neuen Systems eingegangen, mit den Oberbegriffen Zentralisierung und Modernisierung, um danach noch einmal einen besonderen Fokus auf die Sichtung und Förderung der sportlichen Talente zu legen und anschließend wird die gesellschaftliche Funktion des Leistungssports betrachtet, sowie der Ablauf der Vergabe an die Athleten.

3.1. Zentralisierung und Modernisierung

Die Zentralisierung des Leistungssports beginnt 1967 mit der Gründung der neuen Leistungssportkommission (LSK), die eine Institution der SED war. Die LSK wurde zur Leitzentrale des Leistungssports. Nun wurden im Voraus bevorstehender Olympiaden Leistungssportbeschlüsse vom Politbüro verabschiedet. Diese beinhalteten Vierjahrespläne, im Rhythmus der Olympischen Spiele. Beschlossen wurden trainingsmethodische und sportmedizinische Aufgaben, zu planende Investitionen und besonders zu fördernde Disziplinen, die die größten Medaillenchancen erbrachten.[6] Zu diesen Disziplinen gehörten Boxen, Fechten, Fußball, Gewichtheben, Hallenhandball der Männer, Judo, Kanu, Leichtathletik, Pferdesport, Radsport, Ringen, Rudern, Schießen, Schwimmen, Wasserspringen, Segeln, Turnen und Volleyball. Die besonders zu fördernden olympischen Wintersportarten waren, Eisschnell- und Kunstlauf, Biathlon und Ski- und Schlittensport. Nicht olympische Sportarten wurden ganz ausgelassen und mussten somit völlig auf Förderung und Unterstützung verzichten, genau wie andere olympische, jedoch nicht medaillenträchtige Disziplinen wie zum Beispiel Basketball und Hockey.[7]

3.2. Sichtung und Förderung

1952 wurden in der DDR die ersten Kinder- und Jugendsportschulen (KJS) gegründet und damit die ersten Kinder zu zukünftigen Leistungssportlern ausgebildet. In diesen Schulen sollte der Trainingsalltag perfekt mit dem Unterricht koordiniert sein, sodass die Schüler trotz hohem Trainingspensum, die gleiche allgemeine Bildung erfuhren, wie Kinder und Jugendliche auf normalen Schulen. Die Aufnahmebedingungen waren demnach nicht bloß die Noten des Sportunterrichts, sonders auch die Leistungen in allen übrigen Fächern. Die Sichtung durch den Sportunterricht passierte durch das System der Einheitlichen Sichtung

---

[6] vgl. Latzel 2009, Staatsdoping, S. 63-64

[7] https://de.wikipedia.org/wiki/Leistungssportbeschluss, Leistungssportbeschluss, aus dem Internet entnommen am 07.10.2016

und Auswahl (ESA) des Deutschen Turn- und Sportbund (DTSB), das heißt fortan gab es standardisierte Tests für eine ganze Jahrgangsstufe, zur Testung der Eignung in der jeweiligen Sportart. Zusätzlich wurde allgemein der Breitensport gefördert und hierzu die Beitrittszahlungen in Sportklubs möglichst gering gehalten, sodass jeder die Möglichkeit hatte beizutreten und kein Talent unentdeckt blieb. Dazu kamen Sichtungswettbewerbe, bei denen sich sportlich talentierte Kinder unter Beweis stellen konnten. [8]

Diese Form der KJS erwies sich allerdings als eher unwirksam, denn die Auswahl der Schüler war oftmals nicht gewinnbringend und auch die zeitlichen Anforderungen der allgemeinbildenden Schulen stimmten nicht überein mit dem Trainingspensum und begrenzen damit die Teilnahme an Wettkämpfen und die Trainingszeiten. Außerdem wurden in den KJS im Sport unerfahrene Direktoren und Lehrkräfte eingesetzt. Demzufolge stand Anfang der sechziger Jahre in der DDR eine Umgestaltung der KJS zu Spezialschulen des sportlichen Nachwuchses bevor. Im Beschluss des Zentralkomitees der SED von 1963 wurde das Ziel der Schulen, hervorragende Leistungssportler, die die Weltspitze erreichen sollten, zu entwickeln, niedergeschrieben. Hierzu wurden entsprechende Fördermaßnahmen eingeleitet. Die Klassen wurden nun je nach Sportart eingeteilt, sodass der Unterricht an die nötigen Trainingszeiten und an die Wettkämpfe angepasst werden konnte. Folglich wurden die KJS und die Sportklubs zusammengeführt was somit den Sportklubs die Möglichkeit erbrachte, Kinder, die noch nicht eine KJS besuchten, dorthin zu übergeben. Wegen der erfahrenen Trainer, konnte so eine ausgewähltere Sichtung stattfinden und auch besser ausgebildete Lehrkräfte wurden nun eingesetzt. Die Trainer erhielten bei Erfolgen ihrer Schützlinge keine unerhebliche Prämie und wurden damit motiviert, noch härter und intensiver mit den Kindern und Jugendlichen zu trainieren. In den Jahren nach 1970 war das Werk einer Schule vollbracht, die sowohl sportliche Hochleistungen, als auch einen hohen Allgemeinbildungsstand seiner Schüler vermerken konnte. Es gab auch die Möglichkeit die KJS als Internat zu nutzen und so eine ganztägige Betreuung für Sportler zu gewährleisten. [9]

Darüber hinaus wurde die Abitur- sowie die Einführungsstufe, von zwei auf drei Jahre verlängert und für Schüler gab es die Möglichkeit, die Schulzeit zwischen den Klassenstufen acht und zehn zu verlängern, um sich voll und ganz auf den Sport konzentrieren zu können, ohne im allgemeinbindenden Bereich beschränkt zu sein.

Weil die Ausbildung zum Hochleistungssportler erst nach der Einschulung als zu spät erachtet wurde, wurden Trainingszentren, die meist in Bezirksstädten lagen, gebaut. Es

[8] vgl. http://www.mdr.de/damals/archiv/sportffoerderung100.html, 04.01.2016

[9] vgl. http://www.sport-ddr-roeder.de/nachwuchsleistungssport_1.html

wurde also ein mehrjähriger Trainings- und Auswahlprozess, der Ausbildung in der KJS vorgeschaltet, womit auch noch einmal die Auswahlbasis für die Aufnahme an einer Sportschule verbessert wurde. Für Kinder aus Dörfern oder kleinen Gemeinden wurden Trainingsstützpunkte errichtet. In den Trainingsstützpunkten waren größtenteils ehrenamtliche Übungsleiter tätig, die den Fokus auf den einzelnen Sportler richteten statt eine Trainingsgruppe zu bilden. Dieses Verfahren erwies sich später allerdings nicht als erfolgreich, denn die Stützpunkte wurden nur gering genutzt und nur ein sehr geringer Teil schaffte schließlich die Aufnahme an einer KJS. [10]

3.3. Gesellschaftliche Funktion des Leistungssports

Die starke Förderung des Leistungssports erfolgte auch, weil die SED sich davon bestimmte gesellschaftliche Vorteile versprach.

Die Ausübung des Sports und die potentiell damit verbundenen Erfolge seien ein Vorbild für jüngere Generationen, was diese ansporne, regelmäßig zu trainieren, wodurch wieder neue erfolgreiche Sportler entstehen. Außerdem erhalte Sport die Völkerfreundschaft und den Frieden. Erfolgreiche Sportler könnten sich mit ihrer sozialistischen Heimat identifizieren und sozialistische Persönlichkeiten entstehen. Der Leistungssport fördere ergänzend dazu auch den allgemeinen Leistungsgedanken, der auch für andere gesellschaftliche Bereiche nützlich und notwendig ist. Auch der Frauensport sei ein Beweis für die erfolgreiche Emanzipation in der sozialistischen Gesellschaft. Außerdem werde die Überlegenheit des sozialistischen Systems im Bereich des Sports, international gegenüber Klassenfeinden, sowie im eigenen Land deutlich.[11] Diplomaten im Trainingsanzug - so wurden demnach von der SED-Führung jene genannt, die die DDR international im Sport vertraten. [12]

4. Dopingsystem

Heute ist bekannt, dass in der damaligen DDR, Staats- bzw. Zwangsdoping bei Leistungssportlern betrieben wurde. Das bedeutet staatlich angeordnetes und finanziertes Doping ohne strafrechtliche Verfolgung bei Verteilung und Einnahme bestimmter Substanzen. Im folgenden wird anstelle von Doping von „unterstützenden Mitteln" (UM)

---

[10] ebd.

[11] http://www.sport-ddr-roeder.de/funktionen_ziele.html#sec1 Beschluss des Politbüros der SED vom 27.03.1973, aus dem Internet entnommen am 10.10.2016

[12] http://www.bpb.de/geschichte/deutsche-geschichte/kontraste/42507/ddr-doping-und-die-folgen, 30.09.2005

gesprochen, denn dies war in der DDR die verharmlosende Beschreibung für das angewendete Doping.

4.1. Doping bis 1974

Schon in den sechziger Jahren wurde in der DDR mit Steroidhormonen gedopt und dadurch sportliche Triumphe erzielt. Bereits in dieser Zeit wurde die Anwendung von Anabolika schon systematisch durchgeführt, von der Sportvereinigung Dynamo, die von der Staatssicherheit betrieben wurde. [13]

Dennoch blieb die DDR in Sachen Doping dem Westen hinten an, die wirkungsvollsten und vor allem zu diesem Zeitpunkt nicht feststellbaren Präparate wurden in der DDR nicht angewendet und waren auch nur minder bekannt. Professor Hans Schuster, von der Deutschen Hochschule für Körperkultur und Sport in Leipzig, machte um dieses Problem zu bewältigen den Vorschlag, ein Komitee zu gründen, mit dem Ziel, „die Anwendung des Dopings zu bewältigen"[14], natürlich nur als Vorwand um intensiver und geschützt Nachforschungen und Entwicklungen nötiger Substanzen möglich zu machen. Die zweite Möglichkeit, die er aufzeigte, war ein inoffizielles System mit einigen wenigen Wissenschaftlern aufzubauen, die sich um die Forschung kümmern.[15]

In der Zeit nach 1968 wurde Anabolika erstmals auch bei Frauen eingesetzt und sowieso nun in fast allen olympischen Sportarten. Zusätzlich wurde von Trainern und Sportmedizinern hauptsächlich mit Oral-Turinabol experimentiert, sodass 1971 die Einrichtung einer „Kommission für Leistungsbeeinflussung", sowie eine „Kontrollgruppe Sportmedizin" zur Vorbereitung auf die Olympischen Spiele 1972 in München. Die Sportklubs erhielten infolge dessen Rahmentrainingspläne, in denen die Anwendung von Anabolika integriert war.[16]

4.2. 1975 - 1989

Mittlerweile war es möglich geworden, Anabolika im Urin nachzuweisen. Den dopenden Athleten der DDR standen nun Dopingkontrollen bei internationalen Wettkämpfen bevor und sie mussten daher im Vorhinein eine Verpflichtung unterschreiben, der sie darüber informierte, dass Anabolika zu den verbotenen Dopingmitteln zählte und sie daraus resultierend, das Anabolika, ab einem bestimmten Zeitpunkt vor dem Wettkampf,

---

[13] vgl. Klaus Latzel (2009), S. 66

[14] ebd. S. 66

[15] ebd; S. 66

[16] ebd; S. 66 und 67

abzusetzen hatten. Dieser Zeitraum wurde überbrückt, mit dem damals noch nicht nachweisbaren, männlichen Sexualhormon, Testosteron.[17] Weiterhin wurden geheime „Ausreisekontrollen" aller Teilnehmer von Sportwettbewerben, wo eine Dopingkontrolle bevorstand, eingeführt, um positive Ergebnisse zu verhindern und damit das organisierte Zwangsdoping zu tarnen. Die Landesgrenze durfte von Sportlern nur überschritten werden, wenn ihr Urin die geplanten Dopingteste nicht überschritt.[18]

Die Befürchtungen, das bisherige Vorgehen könnte wegen erkennbaren Nebenwirkungen oder wegen Nachlässigkeit während des Überbrückungsdopings auffliegen, veranlasste die Leistungssportkommission zu handeln, um die weiteren Dopingmaßnahmen besser kontrollieren zu können. Dazu war eine wissenschaftliche Bearbeitung, sowie eine striktere Führung von Nöten. So entstand die AG „Wissenschaft" und die AG „unterstützende Mittel". Die AG Wissenschaft konzipierte Entwürfe für die Erforschung und Entwicklung von unterstützenden Mitteln und die AG unterstützende Mittel war dafür zuständig, Richtlinien für die Anwendung dieser Mittel aufzustellen, sowie diese zu beschaffen und zu verteilen. [19]

Das am häufigsten genutzte Präparat war Oral-Turinabol, eine dem Hormon Testosteron sehr ähnliche Substanz, die vor allem schnelles Muskelwachstum mit sich brachte, produziert vom VEB Jenapharm. Der ursprüngliche Grund für die Anwendung war ein gewünschter, schneller Heilungsprozess nach schweren Verletzungen oder Operationen, aber nach dem auch die damit verbundenen Leistungssteigerungen erkannt wurden, wurde Oral-Turinabol als häufigstes unterstützendes Mittel eingesetzt. [20]

Andere Androgene und Steroide, sowie Epitestosteron, das zur Doping-Verdeckung genutzt wurde, kamen ebenfalls aus Jena. Andere Präparate kamen beispielsweise vom Arzneimittelwerk Dresden oder waren Importprodukte aus Bulgarien und Ungarn.[21]

Die genauen Bereitstellungsmengen von unterstützenden Mitteln, der geplante personelle Aufwand und auch die berechneten Kosten, die dafür bereitgestellt wurden, wurden im Staatsplanthema 14.25 von 1988 niedergeschrieben und als Aufgaben für die Arzneimittelproduzenten formuliert. [22]

---

[17] ebd; S. 67

[18] vgl. Giselher Spitzer, 2006, S. 21

[19] vgl. Klaus Latzel (2009), S. 67 - 68

[20] vgl. http://www.chemie.de/lexikon/Dehydrochlormethyltestosteron.html, aus dem Internet entnommen am 12.10.2016

[21] vgl. Klaus Latzel (2009), S. 68 - 70

[22] ebd. S. 107 - 108

4.3. Vergabe an Athleten

2014 zählte der Doping-Opfer-Hilfe-Verein circa 700 Doping-Opfer aus der DDR und insgesamt werden 10.000 zwangsgedopte vermutet. [23] Giselher Spitzer befragte in seinem Buch „Wunden und Verwundungen" insgesamt 52 ehemalige Leistungssportler der DDR, die anonym auch über das Thema der Vergabe von unterstützenden Mitteln sprachen.

Alle Personen dieser Testreihe gaben an, während ihrer Laufbahn Medikamente, Substanzen oder Spritzen erhalten zu haben. Insgesamt ergab sich auch, dass die Vergabe bei der Mehrheit der Gesprächspartner durch den Trainer stattgefunden hat, aber auch oft wurde der Clubarzt, als entscheidende Rolle bei der Vergabe von Medikamenten, genannt. Dass sogar von einem Masseur die Rede ist, zeigt, dass das System anscheinend noch immer nicht ganz kontrollierbar ist, wie eigentlich gewünscht (Siehe Anhang, erstens).

Das Erstalter bei einer Vergabe von Medikamenten, ohne einen Zusammenhang mit einer Krankheit, beläuft sich bei allen Gesprächspartnern auf ein Alter, in dem die Volljährigkeit noch nicht erreicht war, die Hälfte aller Befragten ist zwischen „jünger als zehn Jahren" und bis einschließlich vierzehn Jahren gedopt worden und das ohne ihre eigene beziehungsweise das Einverständnis ihrer erziehungsberechtigten Eltern (siehe Anhang, zweitens), was eine massive Verletzung der Menschenrechte bedeutet.

4.4. Gesundheitliche Folgen des Dopings

Direkt nach der Einnahme von Anabolika oder überwiegend Oral-Turinabol, sind äußerlich vergleichsweise harmlose Nebenwirkungen zu erkennen, wie eine Vermännlichung durch Bartwuchs, eine Veränderung der Stimmlage, das Ausbleiben der Menstruation und sehr starkes Muskelwachstum. Eine langzeitige Einnahme kann allerdings auch der Gebärmutter enorm schaden oder wegen Einflusses des männlichen Sexualhormons, sich schlichtweg ab einem Punkt nicht mehr weiterentwickeln. Heute sind aus diesem Grund viele ehemalig gedopte DDR-Sportlerinnen unfruchtbar. Auch für die Kinder der Opfer kann der Einfluss bestimmter Präparate verheerende Folgen haben. Eine ehemalige Skilanglauf-Olympiasiegerin brach beispielsweise eine Schwangerschaft ab wegen drohender Schädigung des Kindes und nach dem sie im zweiten Anlauf ein Kind zur Welt brachte, verstarb dieses nach kurzer Zeit. Auch andere Sportler brachten behinderte

---

[23] http://www.faz.net/aktuell/sport/sportpolitik/doping/25-jahre-nach-mauerfall-ddr-staatsdoping-und-folgen-13215211.html, Hecker, A., Doping von gestern, Schmerz von heute, 18.10.2014, aus dem Internet entnommen am 12.10.2016

Kinder zur Welt, die beispielsweise am Downsyndrom leiden oder mit einer Lähmung zu kämpfen haben.[24]

Die häufigste zu beobachtende Nebenwirkung ist Krebs an den verschiedensten Organen und daraus oftmals resultierend, der Tod. Auch Organversagen oder Verletzungen an der Wirbelsäule sind häufige Folgen des jahrelangen Dopings. Aber auch neben physischen Schäden leiden heute die Mehrzahl der gedopten Ex-Sportler unter Depressionen. [25]

Die Nebenwirkungen waren den Funktionären durchaus bekannt und gerade die äußerlichen Wirkungen von Anabolika bei Frauen können wohl kaum geleugnet werden, was auch Journalisten auffiel. Um gegen diese Wahrnehmung entgegenzuwirken, versuchte die sozialistische Presse ein anderes Bild der DDR Sportlerinnen zu kreieren, als angeblich glückliche Hausfrau, Mutter oder Ehefrau. So konnte das Bild der emanzipierten, sportlich erfolgreichen Frau mit einem glücklichen Familienleben vereint werden.[26]

5. Eiskunstläuferin Katarina Witt

Die ehemalige Eiskunstläuferin Katarina Witt wurde am 3. Dezember 1965 in Staaken, in der ehemaligen DDR geboren.

Ihre ersten sportlichen Erfahrungen sammelte sie schon sehr früh, vom Betriebskindergarten führte es sie in die Karl-Marx-Stadt, direkt in einen Sportverein. Schon mit fünf-einhalb Jahren betrat sie zum ersten Mal das Eis und ihren ersten Wettkampf beendete sie in einem jungen Alter von sieben Jahren mit dem ersten Platz.[27]

Dieser frühe Start in das Sportlerleben ist zurückzuführen auf die Massen an Trainer, die in Schulen und Kindergärten, mit leistungsorientierter Strenge, nach sportlichen Talenten suchten. Diese frühe Talentsichtung durch Trainer befürwortet Katarina Witt noch heute:

„Heute verlässt man sich darauf, dass ambitionierte und ehrgeizige Eltern selbst aktiv werden und ihre Kinder zu den Eislauf-Vereinen bringen. Scharen von Kindertrainern, die geduldig im ganzen Land nach Talenten suchen und mit deren Ausbildung beginnen, kann sich der deutsche Sport längst nicht mehr leisten." [28]

---

[24] http://www.faz.net/aktuell/sport/sportpolitik/doping/ddr-staatsdoping-die-opferliste-ein-auszug-13215213.html, 17.10.2014

[25] ebd.

[26] vgl. http://www.spiegel.de/einestages/frauensport-in-der-ddr-sie-sollen-schwimmen-nicht-singen-a-949235.html, 18.05.2008

[27] vgl. http://www.katarina-witt.de/eiskunstlauf.html, Die Anfänge im Eiskunstlaufen, aus dem Internet entnommen am 08.10.2016

[28] http://www.taz.de/!676629/ Witt, K., Sechskommanull Verkehrte Welt, 09.11.2004, aus dem Internet entnommen am 08.10.2016

In der dritten Klasse wechselte sie auf die Kinder- und Jugendsportschule in Staaken. In dieser Schule wurde besonders auf den Trainingsalltag der Sportler Rücksicht genommen, die Länge des Schultages war flexibel und der Stundenplan an das jeweilige Trainingspensum angepasst. So hatte Witt die Möglichkeit bis zu sieben Stunden am Tag zu trainieren. Ab der fünften Klasse erhielt sie dort sogar Einzelunterricht.[29]

1983 gewann sie ihren ersten Europameisterschaftstitel und die folgenden fünf Jahre waren geprägt von internationalen Erfolgen. Bei den olympischen Winterspielen 1984 und 1988 holte sie Gold für die DDR und in der Zwischenzeit gewann sie weitere fünf Europameisterschaftstitel und vier Weltmeisterschaftstitel im Einzellauf des Eiskunstlaufens.[30] Diese sportlichen Triumphe erreichte sie zusammen mit ihrer langjährigen, als streng geltenden Trainerin Jutta Müller. Diese Strenge begrüßte Katarina Witt im Nachhinein:

„Ich hatte mit Jutta Müller über viele Jahre die strengste und gnadenloseste Trainerin der Welt. Welch ein Glück für mich."[31]

Mit dem Erreichen der Weltspitze standen einem Sportler zahlreiche Privilegien zu, die auch die junge Eiskunstläuferin weiter anspornten. Auf dem Weg zu internationalen Wettbewerben hatte man als Sportler die Chance, ein wenig mehr von der Welt zu entdecken, wenn auch diese Reisen immer im Zeichen des Sports standen. Im Gegensatz zu der restlichen Bevölkerung der DDR, die ein strenges Ausreiseverbot hatten, waren diese Chancen jedoch ein großer Gewinn. Doch was der größte Anreiz für Katarina Witt war, war die bedingungslose Anerkennung der Gesellschaft, die ein Sportler seinerzeit genoss. Es gab kaum vergleichbare Alternativen im Alltag der DDR, die von der Gesellschaft so angesehen waren und gleichzeitig diese materiellen Vorteile erbrachten.

Bis jetzt macht es den Eindruck, als hätte Katarina Witt bloß die gute Seite des Sportsystems der DDR kennengelernt. Schon im frühen Kindesalter als Talent entdeckt, auf einer Jugendsportschule speziell gefördert, zahlreiche internationale Titel gewonnen und nebenbei ein wenig von der Welt gesehen.

Aber die gesellschaftliche Anerkennung, die Witt jahrelang antrieb und motivierte, war fast nur politisch motiviert. Sie fungierte als Aushängeschild für die DDR und SED, die sich mit ihren Medaillen und Erfolgen schmückten und damit gegenüber der Bundesrepublik

---

[29] ebd.

[30] vgl. http://www.katarina-witt.de/biografie.html, Biografie, aus dem Internet entnommen am 08.10.2016

[31] http://www.taz.de/!676629/ Witt, K., Sechskommanull Verkehrte Welt, 09.11.2004, aus dem Internet entnommen am 08.10.2016

triumphieren konnten. Das Image der DDR war freudlos und grau, doch Katarina Witt mit ihren bunten Kostümen und der fröhlichen Ausstrahlung präsentierte ein anderes, lebendigeres Bild. Das TIME MAGAZINE nannte sie „Das schönste Gesicht des Sozialismus", sie war der Liebling der SED und wurde trotz allem und wahrscheinlich genau deshalb, von der Stasi bis ins persönlichste Detail überwacht.[32] Dadurch sollte die Flucht des Sportstars mit allen Mitteln verhindert werden. Dopingvorwürfe zu ihrer Person liegen nicht vor und auch sie gibt an, nichts von dem Staatsdoping in ihrem Heimatland, gewusst zu haben, sie hätte gedacht, ihr Land betreibe ehrlichen Sport und sie habe sich später, angesichts des flächendeckenden Dopings, erschrocken und habe auch selber nie ein Angebot erhalten.[33]

Zusammenfassend war Katarina Witt immer eine Befürworterin des Systems, die stark von diesem profitiert hat und am Ende dadurch eine erfolgreiche Karriere für sich verbuchen kann. Sie hat selbst nie mit dem Gedanken gespielt, aus der DDR zu flüchten und erfuhr erst Jahre später von der Stasi-Akte, die seit früher Kindheit über sie angelegt wurde. Auch über das Ausmaß der politisch motivierten Unterstützung, war sie sich während ihrer Karriere als Eiskunstläuferin nicht klar. Einer der größten Sportstars der DDR hat also schlussendlich beide Seiten des Systems kennengelernt: die fördernde, unterstützende Seite mit den vielen Privilegien, aber eben auch die beanspruchende, ausnutzende Seite, die die Erfolge eines Sportlers für politische Zwecke nutzt.

6. Argumentation

Im Folgenden trage ich alle im Voraus erarbeiteten Argumente zusammen, um anschließend zu einem Fazit kommen zu können.

6.1. Pro: Förderung sportlicher Leistungsfähigkeit

Das wohl stärkste Argument dafür, dass das Sportsystem der DDR der Leistungsfähigkeit der Sportler zu Gunsten kommen sollte, ist das komplexe und intensiv geplante und strukturierte Fördersystem. Besonders der Aufbau der KJS hatte einen bedeutenden Einfluss auf die Leistungsentwicklung jugendlicher Talente. In diesen Schulen war die Möglichkeit gegeben, von klein auf an unter fachgerechter Betreuung Sport auszuüben und sich zu verbessern. Das alles in einem Umfeld von gleichgesinnten Kindern und

---

[32] vgl. http://www.focus.de/kultur/kino_tv/eiskunstlauf-kati-witt-ueber-ihre-stasi-akte-habe-alle-3000-seiten-verdraengt_id_5062381.html, Stasi-Drama, 06.11.2015, aus dem Internet entnommen am 10.10.2016

[33] http://www.mz-web.de/mitteldeutschland/katarina-witt-spricht-ueber-doping--familie-und-fluechtlinge--ich-dachte--wir-betreiben-ehrlichen-sport--23288946, Katarina Witt spricht über Doping, Familie und Flüchtlinge, 02.12.2015, aus dem Internet entnommen am 07.10.2016

Jugendlichen. Zusätzlich war die allgemeine Schulbildung am gleichen Ort gegeben, aber angepasst an das jeweilige Trainingspensum. Nahezu alle Olympia Teilnehmer aus der DDR kamen von einer KJS.

Zusätzlich zu den fördernden Schulen gab es in jedem Bezirk oder auch kleineren Dörfern ein Trainingszentrum oder ein Trainingsstützpunkt, in dem sich Kinder und Jugendliche optimal auf eine sportliche Laufbahn vorbereiten und dafür trainieren konnten.

Von Wichtigkeit ist auch, dass der Breitensport gefördert und Beitrittszahlungen möglichst gering gehalten wurden, damit jeder die Chance hat, sein Talent zu zeigen und sich für eine KJS zu empfehlen.

Dadurch, dass dem Sport in der DDR so eine zentrale Bedeutung zugeschrieben wurde, war dementsprechend die gesellschaftliche Anerkennung für einen erfolgreichen Sportler sehr groß, was für die meisten ein echter Ansporn war, die Leistungen noch zu verbessern.

Gerade am Beispiel Katarina Witt ist zu erkennen, wie die explizite Förderung einem Mädchen zu einer internationalen Karriere verhelfen kann. Die richtige Trainerin und Schule und auch der Ansporn des gesellschaftlichen Ansehens und durch ihre Wettkämpfe ein wenig mehr von der Welt zu sehen als ihre Mitmenschen, waren bei ihr bedeutend.

6.2. Contra: Lediglich politisches Ansehen

Das flächendeckende Doping in der DDR ist ein klares Argument dafür, dass es dem Staat bei ihrem System nicht um ihre Sportler, sondern bloß um ihre eigenen Interessen ging, nämlich international die sozialistische Staatsform, als überlegen zu bekunden. Wäre das Doping mit dem Einverständnis der Sportler oder mit der Einverständnis der Eltern geschehen, wäre das ein anderer Fall, aber da die unterstützenden Mittel verpflichtend und vor allen Dingen unwissentlich vergeben worden sind, beging der Staat damit eine massive Verletzung der Menschenrechte.

Die vergebenen Präparate und Substanzen zogen unmittelbar und noch kurze Zeit später Nebenwirkungen nach sich, die das heutige Leben der Sportler stark beeinträchtigen und in einigen Fällen sogar zum Tod führten. Es war nicht der Fall, dass die Nebenwirkungen für die Funktionäre unbekannt waren, unmittelbare Nachwirkungen, wie der Bartwuchs oder die veränderte Stimmlage eines Mädchens, war wohl kaum zu übersehen. Auch schwere Verletzungen, wie Bandscheibenvorfälle in jugendlichem Alter, wurden verharmlost und als Muskelkrämpfe mit weiteren Spritzen behandelt, damit weiter trainiert wurde, statt die Einnahme der Hormone zu verhindern. Das zeugt von einem extrem eigennützigen Umgang mit dem Leben von Menschen. Man wusste, was für Schäden man anrichtet, vor allem bei minderjährigen Kindern, die noch größere Reaktionen auf das Doping zeigten. Doch man brauchte eben die Erfolge, um sich gegenüber dem Westen und der BRD als Sieger darzustellen und dafür wurde hunderten oder tausenden Menschen Lebensqualität genommen.

Dazu kommt die Überwachung durch die Stasi, die Akten über jeden der Sportler anlegte, unter anderem über Katarina Witt, um mit allen Mitteln die Sportlerflucht in den Westen zu vermeiden. Um die Erfolge also im eigenen Land zu behalten, griff die Stasi in die Privatsphäre ein und dokumentierten die kleinsten, privatesten Details.

Außerdem ist festzuhalten, dass der Einstieg in den Leistungssport, bei vielen Kindern schlichtweg zu früh passierte. Dadurch waren sie einem enormen Leistung- und Zeitdruck ausgesetzt, dem man einem Kind eigentlich nicht zumuten kann, genau so wenig wie die sportliche Leistung, die in jungem Alter schon von ihnen erwartet wurde. Und je früher im Sportsystem angekommen, desto früher kommt man auch in Kontakt mit Doping und je früher man Hormone und andere Präparate erhält, desto stärker fallen die Nebenwirkungen aus.

7. Fazit

Meine Leitfrage: Das Sportsystem der DDR - Förderung zu Gunsten der sportlichen Leistungsfähigkeit oder lediglich zur Optimierung des politischen Ansehens? beantworte ich so, dass die DDR ihr Sportsystem hauptsächlich aus Gründen der Stärkung des politischen Ansehens aufgebaut hat.

Das komplexe Sichtungs- und Fördersystem wurde meiner Meinung nach nur aufgebaut, um tatsächlich kein Talent unentdeckt zu lassen, das vielleicht von Nutzen sein könnte. In dieser Meinung bestärkt mich vor allem das eigennützige Verhalten des Staates im Umgang mit Präparaten und damit verbunden haben sie sich hunderte, verlorene Menschenleben zuzuschreiben.

Auch die gesellschaftliche Anerkennung, die der Staat für den Sport schürte, war politisch motiviert.

Natürlich ist nicht zu leugnen, dass einige auch von dem gesamten System profitierten und dadurch erst erfolgreich wurden, einiges davon sicherlich auch heute nötig wäre, um Spitzensportler herbeizufördern, das beste Beispiel dafür ist Katarina Witt.

Jedoch betrachte ich die Verletzung von Menschenrechten durch unwissentliches Zwangsdoping und Überwachung als eindeutig übergeordnet. Katarina Witt war schließlich auch, als Liebling der SED, das politische Aushängeschild für den Sozialismus.

Bei ihr liegt kein Verdacht von Doping vor, was auch als Einzelfall zu betrachten ist. Mein schlussendliches Fazit stimmt also mit meiner ersten Hypothese überein.

Das Prinzip des Staatsdoping ist auch heute noch in einigen Ländern zu finden. Letztlich fiel Russland durch staatlich geregeltes und finanziertes Doping auf und in noch weiteren Ländern dieser Welt, wird ein ähnliches System vermutet. Dazu gehören beispielsweise China. Die Schwierigkeit ein solches System aufzudecken und zu verändern ist eine Problematik, denn dadurch wird einerseits der Sport unglaubwürdig und uninteressant und Menschenleben wird geschadet, jedoch ist es kompliziert, Menschen aus dem Druck, der teilweise vom Staat ausgeübt wird, zu befreien.

Literaturverzeichnis

Literatur:

Latzel, K., Staatsdoping, Der VEB Jenapharm im Sportsystem der DDR, 2009,

Spitzer, G., Wunden und Verwundungen, Sportler als Opfer des DDR-Dopingsystems, 2007

Internetdokumente:

http://www.badische-zeitung.de/sportpolitik/klassenkampf-im-stadion--31298340.html, Philipp, M., Klassenkampf im Stadion, 22.05.2010, aus dem Internet entnommen am 10.10.2016

http://www.bpb.de/geschichte/deutsche-einheit/lange-wege-der-deutschen-einheit/47261/soziale-strukturen?p=all, Hofmann, M., Soziale Strukturen in der DDR und in Ostdeutschland, 30.03.2010 ,aus dem Internet entnommen am 07.10.2016

http://www.bpb.de/geschichte/deutsche-geschichte/kontraste/42507/ddr-doping-und-die-folgen, Kowalczuk, I., Ich habe ein behindertes Kind - DDR Doping und die Folgen, 30.09.2005, aus dem Internet entnommen am 10.10.2016

http://www.chemie.de/lexikon/Dehydrochlormethyltestosteron.html, Dehydrochlormethyltestosteron, aus dem Internet entnommen am 12.10.2016

http://www.faz.net/aktuell/sport/sportpolitik/doping/ddr-staatsdoping-die-opferliste-ein-auszug-13215213.html, Die Opferliste - ein Auszug, 17.10.2014, aus dem Internet entnommen am 12.10.2016

http://www.faz.net/aktuell/sport/sportpolitik/doping/25-jahre-nach-mauerfall-ddr-staatsdoping-und-folgen-13215211.html, Hecker, A., Doping von gestern, Schmerz von heute, 18.10.2014, aus dem Internet entnommen am 07.10.2016

http://www.geschichte-abitur.de/deutsche-teilung, Teilung BRD und DDR, aus dem Internet entnommen am 12.10.2016

http://www.katarina-witt.de/biografie.html, Biografie, aus dem Internet entnommen am 07.10.2016

http://www.lvz.de/Leipzig/Boulevard/Kronjuwel-der-DDR-Olympiasiegerin-Katarina-Witt-wird-50, Röbel, U., Kronjuwel der DDR - Olympiasiegerin Katarina Witt wird 50, 01.12.2015, aus dem Internet entnommen am 07.10.2016

http://www.mdr.de/damals/archiv/sportffoerderung100.html, Nachwuchsförderung im DDR-Sport, 04.01.2016, aus dem Internet entnommen am 10.10.2016

http://www.mz-web.de/mitteldeutschland/katarina-witt-spricht-ueber-doping--familie-und-fluechtlinge--ich-dachte--wir-betreiben-ehrlichen-sport--23288946, Katarina Witt spricht über Doping, Familie und Flüchtlinge,02.12.2015, aus dem Internet entnommen am 07.10.2016

http://www.spiegel.de/einestages/frauensport-in-der-ddr-sie-sollen-schwimmen-nicht-singen-a-949235.html, Grünling, B., Frauensport in der DDR „Sie sollen schwimmen, nicht singen", 18.05.2008, aus dem Internet entnommen am 06.07.2016

http://www.spiegel.de/panorama/leute/katarina-witt-ueber-ihr-leben-in-der-ddr-und-der-bundesrepublik-a-1049986.html, Interview mit Katarina Witt,„Man kann nicht zu zwei verschiedenen Hymnen heulen", 21.09.2015, aus dem Internet entnommen am 07.10.2016

http://www.spiegel.de/politik/deutschland/katarina-witt-das-schoenste-gesicht-des-sozialismus-a-136417.html, „Das schönste Gesicht des Sozialismus", 27.05.2001, aus dem internet entnommen am 07.10.2016

http://www.sport-ddr-roeder.de/funktionen_ziele.html#sec1, Röder, H., Funktionen und Ziele, Grundlagen und Merkmale des Leistungssports in der DDR, aus dem Internet entnommen am 11.10.2016

http://www.sport-ddr-roeder.de/nachwuchsleistungssport_5.html 11.10.2016, Röder, H., Nachwuchsleistungssport, aus dem Internet entnommen am 13.07.2016

http://www.tagesspiegel.de/weltspiegel/katharina-witt-ueber-zeit-in-der-ddr-ich-war-eigentlich-eine-werbebotschafterin/11522182.html, Klages, R., „Ich war eigentlich eine Werbebotschafterin", 18.03.2015, aus dem Internet entnommen am 07.10.201